LE SANTERRE

ÉTYMOLOGIE DE CE NOM

PAR

F.-I. DARSY

Membre titulaire résidant de la Société des Antiquaires
de Picardie

AMIENS

IMPRIMERIE YVERT & TELLIER

64, rue des Trois-Cailloux et 10, Galerie du Commerce

—

1900

LE

SANTERRE

ÉTYMOLOGIE DE CE NOM

PAR

F.-I. DARSY

Membre titulaire résidant de la Société des Antiquaires de Picardie

AMIENS

IMPRIMERIE YVERT & TELLIER

64, rue des Trois-Cailloux et 10, Galerie du Commerce

1900

LE SANTERRE

ETYMOLOGIE DE CE NOM

Le Santerre est l'une des belles contrées de notre Picardie. Son sol est riche et fertile, ses habitants sont laborieux. D'où vient donc son nom qui sonne mal aux oreilles ?

Dans un opuscule qui remonte à plus de vingt ans (1), M. Lefèvre-Marchand, membre titulaire de la Société des Antiquaires de Picardie, a essayé de trouver l'origine de ce nom et sa signification. Après avoir cité et repoussé les divers dérivés proposés par des historiens et philologues, savoir : *Sata terra*, terre ensemencée, fertile ; *Sine terra*, à cause de la couleur rougeâtre du sol, produite par la présence du fer à l'état d'oxydation ; *territorium sanctæ liberationis*, à cause de ses nombreux refuges appelés *Muches* ; enfin *Sangui tersa*, à cause d'un prétendu massacre des Huns ; l'auteur a adopté comme étymologie les mots *Cincta terra*, terre fortifiée, à cause des colons militaires que les Romains y avaient placés

_____

(1) *Etymologie du mot Santerre.* Péronne, typogr. Reçuapé, 1878.

pour la défense des rives de la Somme, qui l'enserre au Nord et à l'Est comme une ceinture.

Cette conclusion ne me paraissant pas satisfaisante, j'ai cherché, de mon côté, la véritable étymologie. L'ai-je trouvée ? Je le crois.

Déjà, dans une notice sur certains *Usages et traits de mœurs en Picardie* (1), je faisais pressentir mon opinion sur cette question. Je vais la reproduire ici, en ajoutant quelques détails.

Pendant l'occupation romaine, certaines parties de la Gaule, dévastées et ruinées par la guerre ou par toute autre cause, étaient dépeuplées et durent recevoir des colonies.

Dom Grenier nous cite la contrée où précisément se trouve le Santerre, et dit qu'elle fut repeuplée par des Lètes de la nation des Huns. Ce n'est d'ailleurs là, ajoute-t-il, qu'une « conjecture fondée sur le rapport du nom latin de la capitale du Santerre, *Lihons* » (2). Mais on peut aussi supposer que la colonie était composée d'autres éléments et en tirer une conséquence toute différente de la sienne. Je m'explique :

Les montagnes de l'Apennin étaient habitées par une nation guerrière, les Sabins. « Chaque année, la portion la plus inquiète et la plus ardente

(1) Mémoires de la Société des Antiquaires de Picardie, tome xxviii, p. 585, note 2.

(2) *Introduction à l'histoire générale de la province de Picardie*, page 71.

de leur jeunesse allait s'établir çà et là » (1). Il est assez rationnel de penser que l'une ou plusieurs de ces bandes se dirigèrent vers la belle contrée qui nous occupe. D'un autre côté, lorsque, à la fin du IIIe siècle de l'ère chrétienne, l'empereur romain Constance Chlore y envoya des colons militaires pour défendre les rives de la Somme et en cultiver le sol (2), ne put-il pas choisir de préférence les Sabins, voisins de Rome, dont il connaissait la valeur ? Il faut le croire, et ce qui va suivre justifiera mes suppositions.

Les Sabins, nous dit St Augustin, mirent au rang des Dieux leur premier roi, SANGUS ou SANCUS, de même que les Latins s'étaient fait un dieu d'Enée, qui avait disparu après sa mort (3). Pline, qui vivait au premier siècle de notre ère, parlait du temple qui avait été élevé à Rome en l'honneur de ce dieu, qu'il nomme aussi *Sancus* (4). L'enlèvement des Sabines par les fondateurs de Rome et l'alliance qui suivit expliquent l'établissement du culte de leur dieu à Rome. D'autre part,

(1) *Histoire des différentes religions,* par Suleau de Lirey, première partie, chap. ix, p. 181.

(2) D. Grenier, loc. cit. p. 70.

(3) *Civitas Dei. lib. xviij, cap. 19.* — Voy. Barnabas Brissonius : *De veteri ritu nuptiarum et jure connubiorum.* 1641. P. 72 et 73.

(4) C. Plinii secundi *historiarum mundi,* lib. viij, cap. 74. Il dit que dans ce temple était conservée la toge royale de Servius Tullius, tissée de laine filée par la quenouille et le fuseau de Tanaquile.

il était tout naturel que les colons venus sur les bords de la Somme y apportassent le culte du dieu de leur pays d'origine. Le nom de *Sangus tersus* (1) donné à cette contrée indique donc bien les Sabins comme ses colonisateurs. Cela résultera plus clairement encore des documents que je vais citer. On y verra quelles modifications successives a subies le nom, au cours des siècles, pour nous arriver sous la forme actuelle.

Tant que les chartes furent écrites en latin, les mots *Sangus tersus* servirent à exprimer le nom de la contrée. Ainsi :

Lehusum in SANGINE TERSO. (Titres du Chapitre de St Firmin le confesseur, carton 1er, pièce 5e ; ex codice, folio v ; Lettres de l'official d'Amiens. 1250.)

Folies in SANGINE TERSO. (Fonds du Chapitre d'Amiens, armoire 1re, liasse 35, numéro 13. 1324.)

Hangestus in SANGUINE THERSO (2). (Titres du Chapitre de St-Firmin, carton 1er, pièce 52e. — Bénéfices de l'Eglise d'Amiens, i, 66. Rente due par le Chapitre d'Amiens. 1495.)

(1) *Tersus* exprime ici l'idée d'un pays ruiné, le mot *pagus* étant sous-entendu.

(2) La substitution du mot *sanguis*, ici et ailleurs peut-être, à celui de *sangus* s'explique ainsi : Les copistes de chartes, les scribes eux-mêmes, qui écrivaient d'après des titres, des documents très anciens, et ignoraient le sens du mot *sangus*, furent portés à lui préférer le premier qu'ils comprenaient.

Mais, quand les titres et documents furent rédigés en français, on supprima naturellement la désinence latine *us* de chacun des deux mots, et le nom français de la contrée fut fixé (*Sanc-ters* ou *Sang-ters*) ; seule son orthographe put varier. Ainsi :

Limons en SANCTERS. (Donation par Regnaut de Frameriville de tous ses biens « à l'ospital de St-Jehan de Jhérusalem. » Arch. nation., section historique, l, 1161. — Cocheris, Recueil des manuscrits concernant la Picardie, n°522, l.iii. 1320.)

Foliees en SANCTERS. (Titres du Chapitre d'Amiens, arm. 1re, liasse 35, n° 13. Amortissement au profit du Chapitre, pour la chapelle de St-Honoré. 1334.) Ici le *c* remplace le *g*, comme il est dit plus haut, pour le Dieu, la prononciation d'ailleurs étant à peu près la même.

Le Mote en SANGTERS. (Querelle entre les religieux de Corbie et Jean de Foulloy, chevalier, seigneur dudit lieu, à raison de la garenne de la forêt de Le Mote. Cartulaire Néhémias de Corbie, f° 324. Archives nation., B. 1, n° 22. — Cocheris, Recueil cité, n° 346. 1355.)

Quessel en SANGTERS. (Accord fait entre les dits religieux et V. de Guisy, seigneur dudit lieu, pour une redevance à percevoir à Bétencourt. Même cartulaire, f° 323. 1395.)

Limons en SANGTERS. (Titres du Chapitre de St-Firmin-le-Confesseur, carton 1er, pièce 6e. 1477.)

La Follye en SANGTERS. (Titres du Chapitre d'Amiens, arm. ive, liasse 47, n° 5. 1575.)

Déjà, à la fin du xiii° siècle et dans le cours du xiv°, le *g* disparaît souvent ; il disparaîtra définitivement plus tard comme inutile, sous la plume des scribes. C'est que ceux-ci ignoraient sa raison d'être, aussi bien que les savants, par ce qu'on avait, depuis tant de siècles, perdu le souvenir du culte du Dieu qui avait donné son nom à la contrée. Ainsi, nous voyons :

Rouvroy en SANTERS. (Titres du Chapitre, d'Amiens, arm. 1re, liasse 62°, n° 2. Vente d'un fief à l'évêque d'Amiens. 1294.)

Folies en SANTERS. (Titres du même Chapitre arm. iv°, liasse 47. n° 3. 1376.)

Cayeurs en SANTERS. (Archives nationales, section administrative, pp, 2. — Cocheris, Recueil des manuscrits sur la Picardie, n° 800, vi. 1487.)

Puis, comme le mot final *ters* ne présentait aucune signification française, on lui substitua, avec assez de raison, celui de *terre*, et l'on écrivit :

Beaufort en SANGTERRE (Titres du Chapitre d'Amiens, arm. iii°, liasses 17 et 18. 1393.)

Wiencourt et Marcelcave en SANGTERRE. (Titres des Caritables de Corbie, liasse 33, n°° 1 et 6. 1455.)

St-Taurin en SANGTERRE. (Archives de la Somme, série B, 373. Vente de 14 journaux de bois à Madame de Hattencourt. 1576, 1578.)

Follies en SANGTERRE. (Titres du Chapitre d'Amiens. arm. iv°, liasse 47, n°° 5, 6, 8. 1600, 1605, 1667, 1689.)

Enfin, au xviiiᵉ siècle, on écrivit définitivement pour l'avenir :

Hangest en SANTERRE. (Titres du Chapitre d'Amiens, arm. ivᵉ, liasse 75. Aveux et déclarations. 1762, 1773.)

Les modifications du nom que je viens de constater ne furent point adoptées en même temps par tous, cela se comprend. Entre les deux noms francisés *Sanglers* et *Santerre*, les variantes furent l'œuvre du caprice des scribes. Il n'y a pas lieu, non plus, de se préoccuper des variantes écorchées par eux, telles que : *sanguine, sagine, therso*, etc. (1).

On voit, par les détails qui précèdent, que le nom de Santerre vient incontestablement des mots *Sangus tersus*. Je doute fort que l'on puisse trouver dans ces deux mots un sens autre que celui donné par moi.

D'autre part, si la colonisation du Santerre par les Sabins n'est pas précisément prouvée par titres, par écrit, elle n'en est pas moins vraisemblable. Et c'est bien de leur Dieu que la contrée a pris son nom, qu'elle 'a conservé, à travers les siècles, jusqu'à nos jours, plus défiguré dans l'écriture que dans la vocalité.

---

(1) Les lecteurs comprendront que les titres cités du Chapitre d'Amiens, du Chapitre de St-Firmin et des Caritables de Corbie existent dans le dépôt des Archives du département de la Somme.

La lecture de cette *étude* a été faite à la Société des Antiquaires de Picardie, dans sa séance du 9 mai 1899, hors de ma présence. Elle a donné lieu à plusieurs observations, en sens divers. Le *Bulletin* trimestriel (1) n'en rapporte qu'une seule qui me contredit. Il se tait sur les autres, aussi bien que sur le texte de ma thèse, ce qui est regrettable. Voici l'opinion du contradicteur :

« L'étymologie du mot Santerre admise géné-
« ralement est celle tirée du nom des *Setuci*, peu-
« ple gaulois qui occupait la région entre *Sama-*
« *robriva* et *Rodium*. Les *Setuci* s'appelaient en
« vieux français les *Santois*. Le Santerre serait
« donc la terre des Santois. » Traiter ainsi la question, telle qu'elle est posée aujourd'hui, ce n'est point la résoudre, mais la trancher trop lestement. D'abord, je nie toute relation, tout rapport de synonymie entre les mots *Setuci* et *Santois*.

Voyons l'histoire. Les *Setuci* étaient des gaulois, et ceux-ci n'existaient plus dans la contrée. Décimés par la guerre, massacrés dans les révoltes, ils avaient disparu. La ruine du pays était complète : il ne présentait plus qu'un désert. C'est alors que des colons venus spontanément ou envoyés par les ordres de l'Empereur romain, repeuplèrent la contrée. Ils y apportèrent tout naturellement leur culte religieux et, de leur dieu *Sangus*, le pays prit le nom de *Sangus tersus*. Rien là des *Setuci*.

(1) Année 1899, 2ᵉ trimestre, page 346.

Rien non plus dans le mot *Santois*, où je vois le Sang-ters (*Sangus tersus*) des chartes traduit en langage vulgaire ou patois local, quinze ou seize siècles après la disparition des *Setuci*.

On aura beau argumenter, jamais l'orthographe plus ou moins fantaisiste des chroniqueurs ou des historiens ne pourra prévaloir contre le témoignage des chartes locales, documents authentiques, dont la série ininterrompue remonte aussi loin que possible.

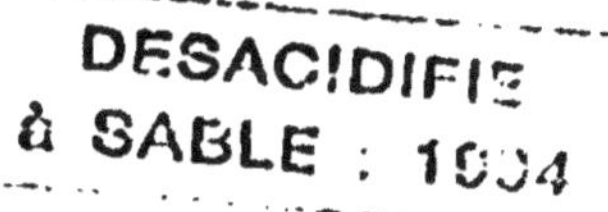